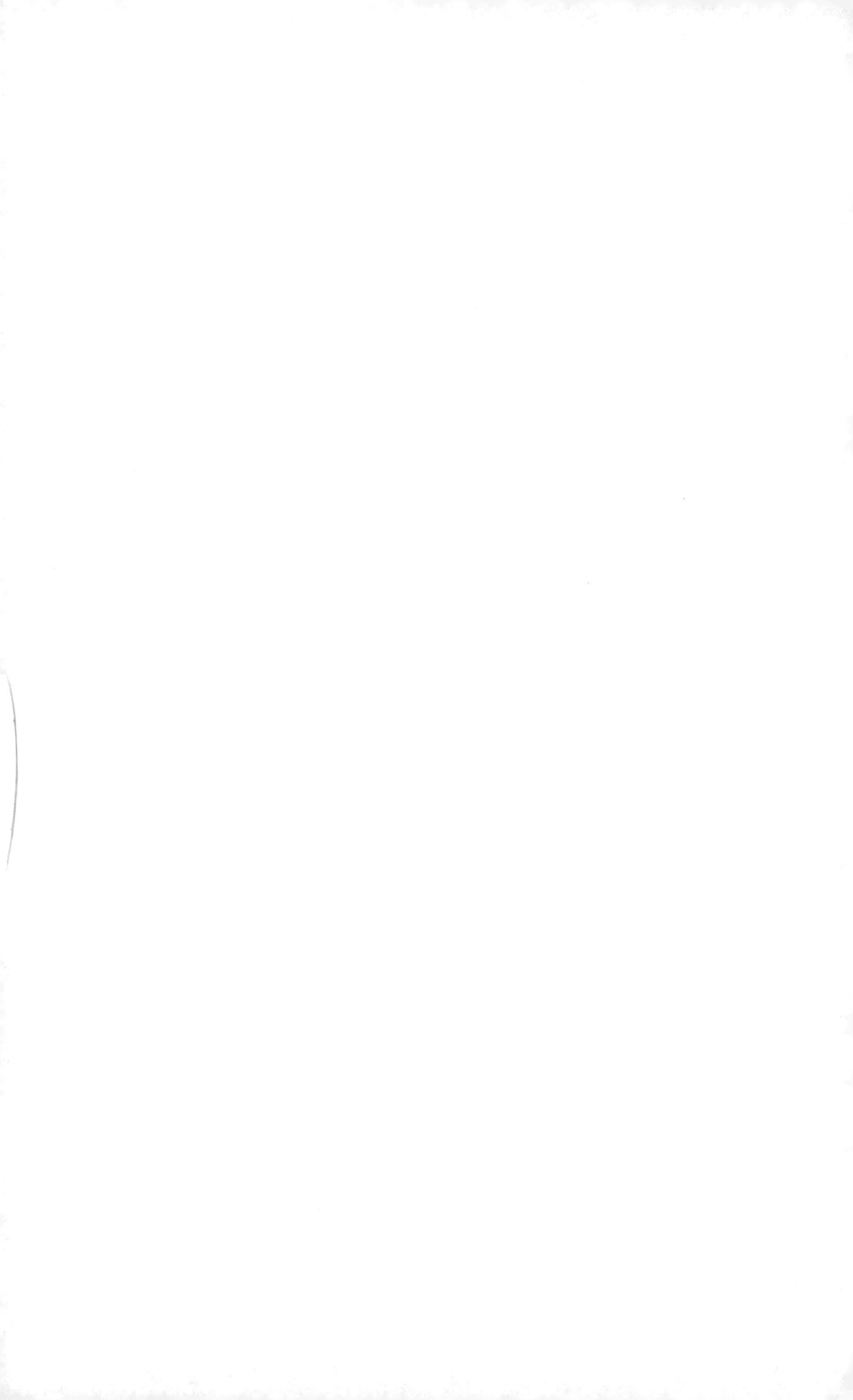

24 janvier 1914 99 P

VENTE

Du Samedi 24 Janvier 1914

HOTEL DROUOT, SALLE N° 6

A 2 HEURES

OBJETS D'ART & D'AMEUBLEMENT

TABLEAUX

PORCELAINES ET FAIENCES

Objets de vitrine, Objets variés

BRONZES, BELLE PENDULE EN MARBRE

MEUBLES ET SIÈGES

INTÉRESSANTE ARMOIRE DU XVIe SIÈCLE

Tapis d'Aubusson

TAPISSERIES

COMMISSAIRE-PRISEUR

Me André COUTURIER

Successeur de M. Léon TUAL

EXPERT

M. Georges GUILLAUME

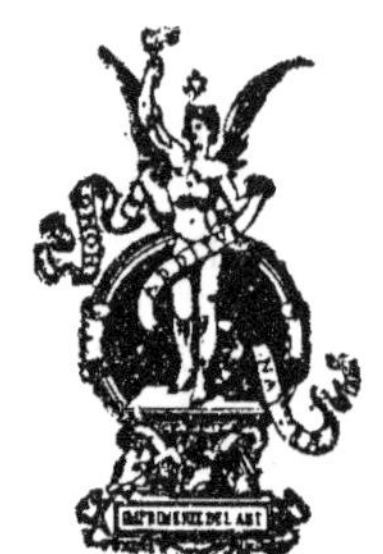

CATALOGUE

DE

1° BELLE ARMOIRE DU XVIe SIÈCLE
ET CONSOLE LOUIS XV

Vendues par suite de réalisation de gage et en vertu d'ordonnance

2° Objets d'Art & d'Ameublement

TABLEAUX, DESSINS, GRAVURES

PORCELAINES ET FAIENCES

Miniatures, Biscuits, Objets de vitrine, Objets variés

BOIS SCULPTÉ — GLACES — BRONZES — APPAREILS D'ÉCLAIRAGE

GRACIEUSE PENDULE EN MARBRE BLANC SCULPTÉ DU XVIIIe SIÈCLE

MEUBLES ET SIÈGES

Deux Bergères portant l'estampille de BLANCHARD

TAPIS D'AUBUSSON

TAPISSERIES

APPARTENANT A DIVERS

DONT LA VENTE AUX ENCHÈRES PUBLIQUES AURA LIEU

HOTEL DROUOT, SALLE N° 6

LE SAMEDI 24 JANVIER 1914

A deux heures

COMMISSAIRE-PRISEUR

Me André COUTURIER

Successeur de M. Léon TUAL

56, rue de la Victoire

EXPERT

M. Georges GUILLAUME

13, rue d'Aumale

PARIS

EXPOSITION PUBLIQUE

Le Vendredi 23 Janvier 1914, de 2 heures à 6 heures

CONDITIONS DE LA VENTE

Elle sera faite au comptant.

Les adjudicataires paieront *dix pour cent* en sus des enchères.

Paris. — Imp de l'Art. Ch. Berger, 41, rue de la Victoire.

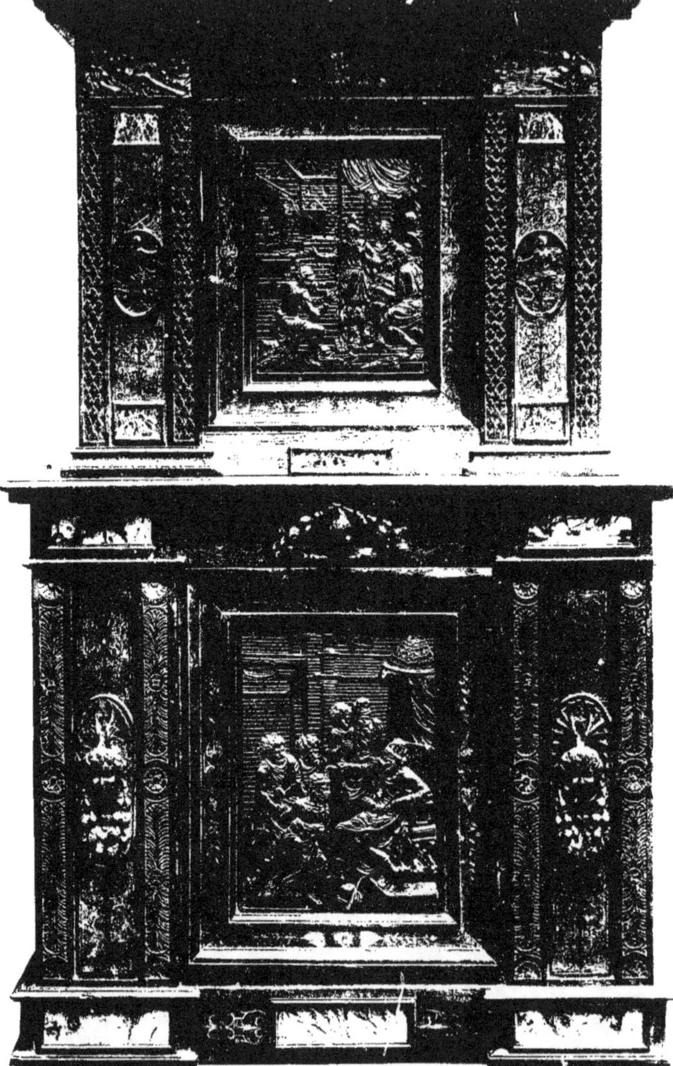

DÉSIGNATION

1° Deux Meubles

Vendus par suite de réalisation de gage et en vertu d'ordonnance.

1 — Armoire à deux corps en bois sculpté et partiellement marqueté d'entrelacs et arabesques, présentant sur les portes des sujets d'imploration et de supplice; elle est ornée de bas-reliefs et médaillons avec figures, mascarons, chutes et palmes, ainsi que de plaques de marbre; les faces latérales sont marquetées de rosaces rayonnantes, la partie supérieure présente deux figures : Diane et Amphitrite; fronton débordant et doubles montants à fleurs de lys superposées; base à pieds-boules. Travail de l'Ile-de-France, XVIe siècle.

2 — Console en bois sculpté et doré à feuillages et fleurs, posant sur pieds cambrés à entrejambes présentant un chien et un oiseau. En partie d'époque Louis XV (redorée); elle est couverte d'un marbre blanc.

2° Objets appartenant à Divers

TABLEAUX

AQUARELLES, DESSINS, GRAVURES

BERTIN

3 — *Paysage avec figures.*

Toile. Signée et datée : *1811.*

Haut., 43 cent.; larg., 33 cent.

CAUCHOIS (H.)

4 — *Pots de fleurs sur une table.*

Toile. Signée à droite en bas.

Haut., 74 cent.; larg., 49 cent.

CHARLET (Attribué à)

5 — *Le Grenadier.*

Panneau. Haut., 23 cent.; larg., 18 cent.

CHIAPORY

6 — *Les Deux Frères.*

Pastel. Haut., 1 m. 10 cent.; larg., 82 cent.

DEBUCOURT (D'après)

7 — *L'Incendie.*

Gravure en noir.

DELORME (D'après)

8 — *Héro et Léandre.*

Gravure en noir.

GÉRARD (D'après)

9 — *Psyché et l'Amour.*

Gravure en noir.

GIRODET (D'après)

10 — *Vénus.*

Gravure en noir.

GUARDI (Attribué à)

11 — *Une Fonderie.*

Toile dans un cadre doré.

Haut., 35 cent.; larg., 49 cent.

GUIDO (D'après Reni)

12 — *L'Enlèvement de Déjanire.*

Gravure en noir.

JANINET

13 — *Le Repos des Moissonneurs.*

Belle gravure en couleur, dans un cadre doré à moulures.

JANSSEN (J.)

14 — *Le Danseur.*

Toile. Haut., 80 cent.; larg. 1 m. 5 cent.

LECLERC DES GOBELINS (Attribué à)

15 — *Vénus au bain.*

Panneau, dans un cadre en bois sculpté.

Haut., 22 cent.; larg., 27 cent.

LERICHE (Attribué à)

16 — *Vases de fleurs.*

Deux panneaux-dessus de portes.

Haut., 37 cent.; larg., 95 cent.

LINGELBACH (Attribué à)

17 — *L'Annonciation.*

Panneau. Haut., 60 cent.; larg., 47 cent.

MIGNARD (Attribué à)

18 — *Portrait d'Homme, coiffé d'une perruque.*

Toile ovale. Haut., 45 cent.; larg., 34 cent.

MILET (Attribué à Francisque)

19 — *Paysages.*

Deux toiles se faisant pendants.

Haut., 70 cent.; larg., 93 cent

PANINI (Attribué à)

20 — *Ruines animées de figures.*

Toile. Haut., 60 cent.; larg., 94 cent.

PORTAIL (École de)

21 — *Jeune Femme vue de dos.*

Dessin au fusain rehaussé de blanc.

Haut., 54 cent.; larg., 35 cent.

POUSSIN (Genre de)

22 — *La Résurrection de Lazare.*

Toile. Haut., 49 cent.; larg., 57 cent.

RAPHAEL (D'après)

23 — *Adam et Ève.*

Épreuve en noir.

REMBRANDT (École de)

24 — *Jésus au milieu des Docteurs.*

Panneau. Haut., 23 cent.; larg., 33 cent.

ROQUEPLAN (Camille)

25 — *Maternité.*

Aquarelle. Haut., 20 cent.; larg., 14 cent

SAINT-AUBIN (D'après)

26 — *Comptez sur mes serments.*

— *Au moins soyez discret.*

Deux épreuves en noir (retirages).

SAUVAGE (Attribué à)

27 — *Jeux d'Amours.*

Deux toiles. Dessus de porte en grisaille, de forme ovale.

Haut., 1 m. 35 cent.; larg., 1 m. 15 cent.

SCHALL (D'après)

28 — *L'Élisée.*

Épreuve en noir, rehaussée.

SWAGERS

29 — *Marine.*

Toile. Signée.

Haut., 64 cent.; larg., 80 cent.

VERNET (École de JOSEPH)

30 — *Marine.*

Toile. Haut., 43 cent.; larg., 69 cent.

VIGÉE LEBRUN (Attribué à)

31 — *Portrait de Madame Rouargue.*

Le portrait serait une œuvre tardive de la grande artiste.

Toile ovale. Haut., 54 cent.; larg., 46 cent.

ÉCOLE FRANÇAISE (xviie siècle)

32 — *Portrait de Femme en robe bleue décolletée.*

Toile ovale. Haut., 94 cent.; larg., 72 cent.

ÉCOLE FRANÇAISE (xviie siècle)

33 — *Neptune et Amphitrite.*

— *Le Triomphe d'Amphitrite.*

Deux gouaches ovales se faisant pendants et provenant d'anciens éventails.

ÉCOLE FRANÇAISE (Fin du xviie siècle)

34 — *Portrait présumé du Duc du Maine.*

Toile dans un cadre ancien en bois sculpté et doré.

Haut., 80 cent.; larg., 64 cent.

ÉCOLE FRANÇAISE (Fin du xviiie siècle)

35 — *Portrait de Jeune Fille en robe blanche.*

Pastel. Haut., 32 cent.; larg., 24 cent.

ÉCOLE FRANÇAISE (xviiie siècle)

36 — *Portrait de Jeune Femme tenant un éventail à la main.*

Toile. Haut., 80 cent.; larg., 65 cent.

ÉCOLE FRANÇAISE (xviiie siècle)

37 — *La Famille du peintre.*

Toile. Haut., 92 cent.; larg., 74 cent.

ÉCOLE FRANÇAISE (XVIIIe siècle)

38 — *Figure allégorique.*

Toile. Haut., 1 mètre; larg., 80 cent.

ÉCOLE FRANÇAISE

39 — *La Laitière.*

— *Le Rémouleur.*

Deux pastels se faisant pendants.

Haut., 38 cent.; larg., 30 cent.

ÉCOLE FRANÇAISE

40 — *Portrait de Femme.*

Toile Haut., 82 cent.; larg., 65 cent.

ÉCOLE FRANÇAISE

41 — *Portrait d'Homme en redingote et cravate blanche.*

Toile. Haut., 56 cent.; larg., 48 cent.

ÉCOLE FRANÇAISE

42 — *Sujets chinois.*

Deux toiles. Dessus de porte.

Haut., 1 m. 13 cent.; larg., 1 m. 47 cent.

ÉCOLE FLAMANDE (XVIIe siècle)

43 — *Sainte Catherine.*

— *La Vierge et l'Enfant.*

Deux cuivres se faisant pendants, dans des cadres en bois sculpté.

Haut., 13 cent.; larg., 10 cent.

ÉCOLE FLAMANDE

44 — *Les Chasseurs.*

Toile. Haut., 45 cent.; larg., 1 m. 25 cent.

ÉCOLE HOLLANDAISE (XVIIe siècle)

45 — *Scène d'intérieur.*

Toile. Haut., 40 cent.; larg., 32 cent.

ÉCOLE HOLLANDAISE

46 — *Église au bord d'une rivière.*

Panneau. Haut., 16 cent.; larg., 22 cent.

ÉCOLE HOLLANDAISE

47 — *La Joueuse de mandoline.*

Panneau. Haut., 18 cent. larg., 16 cent.

ÉCOLE HOLLANDAISE

48 — *Paysage accidenté avec personnages.*

Toile dans un cadre doré.

Haut., 66 cent.; larg., 82 cent.

ÉCOLE ITALIENNE (XVIIe siècle)

49 — *La Vierge et l'Enfant Jésus.*

Toile dans un cadre doré.

Haut., 75 cent ; larg., 61 cent.

ÉCOLE ITALIENNE (Commencement du XVIIIe siècle)

50 — *Fleurs dans un vase.*

Toile. Haut., 72 cent.; larg., 57 cent.

ÉCOLE ITALIENNE

51 — *Le Christ et la Samaritaine.*

Toile. Haut., 42 cent.; larg., 52 cent.

ÉCOLE ITALIENNE

52 — *Vénus et l'Amour.*

Toile. Haut., 77 cent.; larg., 98 cent.

ÉCOLE ITALIENNE

53 — *Sainte Famille.*

Cuivre. Haut., 35 cent.; larg., 28 cent.

ÉCOLE ITALIENNE

54 — *L'Adoration.*

Cuivre. Haut., 33 cent.; larg., 28 cent.

INCONNU

55 — *Portrait de Femme âgée.*

Toile ovale. Haut., 81 cent.; larg., 64 cent.

56 à 60 — Quinze pièces : gravures en noir et lithographies. (Seront divisées.)

61-62 — Cinq cartons renfermant des gravures. (Seront divisés.)

PORCELAINES ET FAIENCES

63 — Vases, à anses-cariatides, en porcelaine de Paris à dorures. Époque Empire.

64 — Deux jardinières rondes, même porcelaine, à pieds-griffes.

65 — Grand plat rond en ancienne porcelaine de Locré, décor au barbeau.

66 — Tasse et soucoupe en ancienne porcelaine de Sèvres, à bandes rouges et bleu et palme de feuillage, avec dorures.

67 — Petit plateau carré assorti, même porcelaine, avec rebord quadrillé.

68 — Petit beurrier couvert en ancienne porcelaine d'Arras, à décor bleu.

69 — Deux assiettes en ancienne porcelaine d'Arras, à décor bleu.

70 — Cinq assiettes en ancienne porcelaine de Tournai, à décor de feuillage en bleu.

71 — Compotier en porcelaine de Saxe, à semis de bouquets et bords gaufrés.

72 — Corbeille-jardinière ovale en porcelaine de Saxe, à décor de quadrillages et fleurs en relief.

73 — Assiette creuse en ancienne porcelaine de Chine, à décor de balustrades et buissons fleuris.

74 — Plat creux en ancienne porcelaine de Chine, à décor bleu rayonnant.

75 — Plat rond en ancienne porcelaine polychrome du Japon.

76 — Vase-bouteille en porcelaine bleue.

77 — Jardinière à anses et pans coupés en ancienne faïence de Rouen, à décor bleu et couvercle, même faïence.

78 — Jardinière d'applique en ancienne faïence polychrome de Rouen; autre en porcelaine de Chine, à décor bleu.

79 — Jardinière à pans coupés en ancienne faïence de Rouen, à décor bleu.

80 — Cache-pot, à anses-coquilles, en ancienne faïence de Rouen, décorée de lambrequins en bleu.

81 — Cache-pot cylindrique en ancienne faïence polychrome de Rouen.

82 — Deux porte-fleurs en faïence polychrome de Rouen.

83 — Deux vases-cornets en ancienne faïence de Rouen, à décor bleu de rosaces et lambrequins.

84 — Pichet en ancienne faïence de Rouen, à décors bleus.

85 — Encrier, forme cœur, en ancienne faïence polychrome de Rouen.

86 — Porte-huilier et ses burettes en ancienne faïence de Rouen, à fleurettes.

87 — Petit cache-pot à anses en ancienne faïence de Nevers, à décor bleu.

88 — Deux plats longs en ancienne faïence de Moustiers, à décor de grotesques en vert.

89 — Plat ovale, à bords ajourés, en ancienne faïence de Moustiers, décoré de fleurs en violet manganèse.

90 — Saladier carré en ancienne faïence de Saint-Amand, à décor en blanc et violet manganèse.

91 — Cache-pot en ancienne faïence de Samadet, à fleurs.

92 — Paires de bouteilles en ancienne faïence du Midi, ornées de fleurs et d'inscriptions.

93 — Porte-huilier et ses burettes en faïence décorée, genre Marseille.

94 — Compotier plat en ancienne faïence de Savone, décoré d'une tour.

95 — Pot de pharmacie en faïence, à décors bleus d'inscriptions, fleurs et animaux.

96 — Vase de pharmacie en faïence, à décors bleus, muni d'un anneau.

97 — Soupière ronde en ancienne faïence de Strasbourg, à roses.

98 — Autre, de même faïence, décorée de fleurs, portant la marque de *Joseph Hanong*.

99 — Plat en ancienne faïence des Islettes, à bouquet d'œillets.

100 — Deux jardinières rondes, munies d'anses, en faïence blanche de l'Est, à filets dorés.

101 — Aiguière en ancienne terre de pipe.

102 — Assiette en ancienne faïence de Delft, à balustrades et fleurs.

103 — Plat, même faïence, à décor de rose.

104 — Deux vases en grès flammé.

105 — Pichet, verseuse et chope en grès allemand.

MINIATURES, BISCUIT

OBJETS DE VITRINE, OBJETS VARIÉS

BOIS, GLACES

106 — Deux groupes en ancien biscuit de Locré : Femmes et amours.

107 — Grosse montre en or, à carillon, avec clef également en or, garnie d'une améthyste. Commencement du XIXe siècle.

108 à 110 — Trois miniatures de femmes. Signées : *Alcime Tournant*, et datées : *1839*.

111 — Deux intéressantes miniatures de forme circulaire, cerclées d'or ; elles représentent un homme blond en buste, vêtu d'un habit à large col, le cou noué d'un foulard, et une femme également en buste, à perruque poudrée, en robe blanche décolletée ; elles portent la signature de *Moreau* et sont renfermées dans un écrin de cuir gaufré à dorures, avec couronne au centre.

112 — Petite peinture sur porcelaine, encadrée : Portrait de femme en costume de cour.

113 — Bonbonnière en écaille, le couvercle orné d'une miniature : Portrait de femme, dans un cercle d'or. Époque Empire.

114 — Quatre boites-marquoires en ivoire avec applications de nacre gravée; elles renferment des jetons de différentes couleurs, ornés de fleurettes et devises.

115 — Boite de tric-trac en placage de palissandre, marquetée d'un damier à l'intérieur et renfermant des pions en bois sculpté.

116 — Coffret et deux boites en marqueterie de paille.

117 — Lot d'étuis, boites, cachets, etc.

118 — Confiturier couvert en cristal et son plateau.

119 — Plateau en incrustation de burgau, à vases fleuris.

120 — Groupe en bois sculpté et doré : la Vierge et l'Enfant. XVIIe siècle.

121 — Statuette de Saint Benoit en bois sculpté et peint.

122 — Deux petits supports d'applique en bois sculpté à cariatides d'enfants ; dessus en marbre brèche. Époque Louis XVI.

123 — Paire de petites consoles d'applique en bois sculpté et doré à arcs-boutants et guirlandes. En partie d'époque Louis XVI.

124 — Baromètre en bois sculpté et doré, surmonté d'un aigle avec couronne et faisceau de carquois et palmes. Époque Louis XVI.

125 — Petite glace, dans un cadre en bois sculpté et doré. Travail italien du XVIIIe siècle.

126 — Grand trumeau de glace en bois doré à rocailles et feuillages sur fond laqué gris, surmonté d'une peinture à sujet chinois. En partie d'époque Louis XV.

PENDULE, BRONZES

APPAREILS D'ÉCLAIRAGE

127 — Gracieuse pendule en marbre blanc, présentant un groupe : Jeune femme drapée couronnant un amour, de part et d'autre du cadran cerclé de bronze doré; au pied des personnages, un carquois enrubanné et des fleurs sont sculptés sur le marbre; socle mouvementé posant sur toupies et orné de rinceaux ainsi que de perles en bronze doré. XVIIIe siècle.

128 — Statuette de femme drapée, assise, en bronze patiné. Signée : *Salmson*.

129 — Deux vases, de style japonais, en bronze patiné, à anses-chimères.

130 — Vase en étain artistique, orné d'une bacchante et signé : *J. Garnier*.

131 — Paire d'appliques, à trois lumières, en bronze doré. Style Louis XV.

132 — Paire d'appliques en bronze ciselé, foncées de glace et munies de trois lumières. Style Louis XIV. (Disposées pour l'électricité.)

133 — Autre paire d'appliques, de style Louis XIV, munies de trois lumières et préparées pour l'électricité.

400 134 — Lustre à plaquettes, de style Louis XIV, préparé pour l'électricité.

MEUBLES ET SIÈGES

135 — Petite armoire d'applique, à étagères, en bois fruitier marqueté à losanges. Époque Louis XV.

136 — Petite armoire-crédence en noyer, de style Henri II, munie d'une porte sculptée d'un génie allégorique ; fronton voussuré, base à colonnettes.

137 — Deux vitrines en bois sculpté, partiellement doré et peint à mascarons et rinceaux, posant sur pieds à feuillage et cannelures, et provenant d'anciennes consoles transformées.

138 — Cartonnier Empire en acajou, orné de bronzes.

139 — Console en chêne sculpté et doré à rocailles, coquilles et enroulement de feuillage, couverte d'un marbre blanc. En partie d'époque Louis XV.

140 — Coiffeuse d'homme en acajou, ceinturée de cuivre, munie de trois tiroirs et posant sur pieds cylindriques. XVIIIe siècle.

141 — Table-coiffeuse en acajou, posant sur pieds cambrés. Époque Louis XV.

142 — Petite table rectangulaire en bois sculpté et peint blanc à rosaces et torsades, posant sur pieds cambrés ; dessus en marbre blanc veiné. Époque Louis XVI.

143 — Table rectangulaire en bois sculpté, peint et doré, posant sur pieds cannelés à traverse d'entrejambes ; ceinture à entrelacs et dessus en marbre blanc. En partie d'époque Louis XVI.

144 — Petite table de toilette en acajou, munie d'un abattant.

145 — Petite table à étagères en bois marqueté, garnie de bronzes.

146 — Petite table à volets en marqueterie de bois clair.

147 — Psyché en acajou, à pieds-volutes.

148 — Cheminée monumentale en bois sculpté. Style Renaissance.

149 — Boiserie d'alcôve en bois peint gris et or. Style Louis XVI.

150 — Deux bergères en bois laqué blanc à moulures, avec décor de fleurs au dossier, à la ceinture et aux pieds ; elles portent l'estampille de *N. Blanchard*. Époque Louis XV. (Elles sont couvertes de tapisserie au gros point d'une époque postérieure à la confection des bois.)

151 — Deux grandes bergères en bois doré, couvertes de broderies. Ancien travail italien.

152 — Grand fauteuil en bois sculpté, à patine brune et dossier ajouré ; il est couvert de damas jaune. Ancien travail italien.

153 — Deux fauteuils en bois sculpté, peint et doré, à fleurs et coquilles. Époque Louis XV. Ils sont couverts de soierie à rayures.

154 — Fauteuil en bois naturel sculpté, à dossier-médaillon entouré de torsades; bras à feuillage et pieds cannelés. Époque Louis XVI. Il est couvert de velours rouge.

155 — Chaise Louis XIII en bois noir à moulures, couverte de tissu imitant le petit point.

TAPISSERIES, TAPIS D'AUBUSSON

156 — Tapisserie, animée de nombreux personnages jouant à la paume; dans le coin à gauche, elle présente également un sujet de chasse; encadrement à cariatides, fleurs et fruits. Époque Renaissance.

Haut., 3 m. 30 cent.; larg., 5 m. 15 cent.

157 — Tapisserie, représentant le Jugement de Pâris. Flandres, fin du XVIe siècle.

Haut., 2 m. 40 cent.; larg., 2 m. 60 cent.

158 — Tapisserie-verdure, présentant un sujet de chasse à tir; encadrement à rinceaux de feuillage et fleurs. Aubusson, XVIIIe siècle.

Haut., 2 m. 44 cent.; larg., 2 mètres.

159 — Siège et dossier de fauteuil en ancienne tapisserie au point, à fleurs et feuillage sur fond crème.

160 — Grand tapis d'Aubusson, à vases fleuris, rosaces et rinceaux de feuillage sur fond vert; encadrement marron à bouquets. Fin de l'époque Empire.

Haut., 5 m. 70 cent.; larg., 5 m. 70 cent.

161 — Autre tapis d'Aubusson, à quadrillages et fleurs sur fond vert. Époque Directoire.

Long., 4 m. 65 cent.; larg., 4 m. 25 cent.

162 — Objets omis.

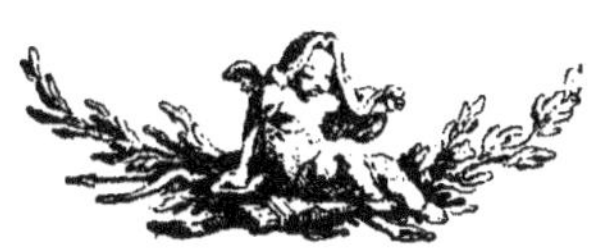

www.ingramcontent.com/pod-product-compliance
Lightning Source LLC
LaVergne TN
LVHW021717230826
846091LV00006BA/2650
9782329544045